PUBLICAT DE SCARLET LEAF
TORONTO, CANADA

I0536280

CONVERSAȚII CU REX, CÂINELE MEU

Pseudoeseuri

ROXANA NĂSTASE

SCARLET LEAF

2021

În amintirea tatălui meu, un iubitor de animale, un om bun și drept.

Să se odihnească în pace.

Nu voi uita niciodată lecțiile pe care mi le-a împărtășit

DEZMINȚIRE

Nu țin neapărat să credeți că sunt o persoană cu toate facultățile mentale în stare bună de funcționare, dar nici nu vreau să aruncați această carte în teancul cu toate cărțile pe care nu le puteți citi numai pentru că pare să fie puțin ieșită din comun.

De aceea, voi începe cu această dezminșire:

* Citind aceste pseudo-eseuri, v-ați putea forma părerea că Rex este o mică fiară necivilizată, iar acest lucru este departe de adevăr.

Nu vreau să îi creez o reputație proastă și m-aș simți dezamăgită dacă v-aș lăsa să credeți că este un animal sălbatic, fără nici un fel de educație.

Este posibil ca Rex să demonstreze că are abilitatea socială a unui porc spinos acum, dar asta nu înseamnă mai nimic. Doar că a devenit astfel. La început, pugul meu era departe de așa ceva.

Rex a absolvit școala de dresaj pe primul loc pe vremea când avea doar patru luni și jumătate. Cu toate acestea, el a decis, pur și simplu, să nu mai asculte deloc din clipa în care cursul s-a încheiat. Acest lucru vorbește mai mult despre încăpățânarea sa decât despre orice altceva.

În fine, fiind un cățeluș prietenos, nimic altceva nu îi plăcea mai mult decât să se alăture grupurilor de oameni și să asculte bârfa.

Pe vremea aceea, locuiam într-o casă care avea o curte în spate, comună mai multor case, care erau locuite de oameni în vârstă. Plăcerea acestora era să se adune și să bârfească în fiecare dimineață și după-masă.

Rex era pur și simplu îndrăgostit de acele întâlniri. Se alătura vecinilor, le asculta discuțiile, fermecat de parcă ar fi auzit cele mai uimitoare povești din lume.

Din nefericire, el avea şi o tendinţă spre trăsnăi, ceea ce a făcut ca pe la şase luni să se stranguleze cu propria lui lăbuţă. L-am găsit cu un picior peste hotarul dintre lumi şi l-am salvat, dar Rex a încetat să fie acel căţeluş prietenos, dornic să se găsească în compania oamenilor. Din acel moment, a considerat că prezenţa mea în viaţa sa îi era suficientă.

Un pug, care se comportă complet diferit de oricare alt pug, Rex a devenit un câine plin de complexitate, chiar straniu, iar ciudăţeniile sale sunt mult prea multe pentru a le enumera.

Deci, vă rog, priviţi-l cu bunăvoinţă. Rex încearcă să facă totul cât mai bine cu ceea ce are.

* De-a lungul acestei cărţi, am schimbat unii termeni de alintare pe care îi folosesc în mod obişnuit. Ca să spun adevărul, folosesc unii în engleză, alţii în română şi alţii în franceză.

Tonalitatea lor se schimbă prin traducere. Cu toate acestea, sunt destul de sigură că nu este important să menţionez un anumit termen cu precizie, din moment ce aceştia nu au nici un fel de importanţă pentru a înţelege conţinutul acestei cărţi, aşa că nu voi agoniza asupra lor.

* Amintirile pot fi diferite – sau, cel puţin, asta ar spune câinele meu, Rex. Adevărul meu nu este al lui şi vice-versa. Aveţi, evident, dreptul să alegeţi pe care dintre noi doriţi să îl credeţi.

Totuşi, până ce Rex învaţă să scrie, mi-e teamă că adevărul meu va ieşi mereu deasupra. Cum va lua ceva timp până se apucă el de aşa ceva sau cum o astfel de minune va putea avea loc doar într-o viaţă viitoare, mi-e teamă că nu prea are noroc acum.

Nu e prea bine pentru el, aş spune eu, dar, de fapt, sunt mult prea fericită pentru mine ca să îmi mai pese de aşa ceva. Cui nu îi place ca lumea să le favorizeze părerile? Mie una, îmi place, într-adevăr.

* Probabil că m-am aflat de partea învinsului în multe dintre bătăliile dintre noi, dar nu am intenţia să fiu partea care pierde şi aici, chiar dacă, uneori, lucrurile par să stea astfel.

Aşa că, dacă aveţi cumva impresia că sunt prea încrezătoare în mine sau prea arogantă în prezentarea.... hai, să spunem, a conversaţiilor noastre, aveți libertatea de a strâmba din nas sau să lăsați o recenzie ustură-toare pe pagina de produs a acestei cărți. Vă pot asigura că voi trăi la fel de bine în ambele situații.

RECUNOȘTINȚĂ

Trebuie să îi mulțumesc lui Rex pentru contribuția sa la această carte. Aceasta nu ar fi văzut lumina tiparului (sau publicarea digitală) dacă nu ar fi fost el o prezență constantă în viața mea.

Nesfârșitele ore în care lătra și urla ori de câte ori nu îi plăcea ceva au și ele ceva de-a face cu aceste pseudoeseuri.

Cum Rex este personajul principal al acestor eseuri, merită să fie lăudat.

PSEUDO INTRODUCERE

Nu voi face săpături în înțelesul cuvântului conversație. Nu aveți nevoie de o definiție, iar, în fond, dacă totuși căutați una, puteți să o găsiți cu ușurință într-un dicționar.

Mai mult decât atât, nu am nici intenția de a ține o predică sau de a da o notă didactică și pedantă acestei introduceri. Nu intenționez să umplu pagini cu lecții pe care nimeni nu dorește să le citească sau care m-ar plictisi pe mine până la lacrimi doar punându-le pe hârtie, ca să spun așa.

Sunt clar împotriva plictiselii. Viața este deja plină cu destule lucruri enervante fără să le mai adun și eu în interiorul acestei cărți.

Oricine mă cunoaște bine vă va spune că refuz să mă înclin în fața lucrurilor searbăde care se îngrămădesc în existența mea. Mereu caut ceva ce ar aduce o scânteie de interes în mintea mea. Cine știe, poate cuvintele mele vor reuși și ele să aprindă o brumă de entuziasm în viața voastră.

Cu toate acestea, ar trebui să menționez că, după părerea mea, o conversație poate să fie foarte revelatoare, indiferent de subiectul discutat. Chiar și atunci când pronunțăm o grămadă de nimicuri, oferim interlocutorului posibilitatea de a arunca o privire în mintea noastră și, de ce nu, a sufletului nostru.

Poate că nutrim speranța că ne putem ascunde în spatele cuvintelor, dar asta este doar o iluzie. Din această cauză evit eu să conversez atunci când este necesar să mențin un văl între mine și ceilalți.

Cu Rex, nu este nevoie de așa ceva. A pretinde cu el este o pierdere de timp, iar tăcerea nu ar ajuta deloc. Dacă el dorește să converseze, atunci nu există

Nici o metodă să îl faci să tacă. Poate doar să îi înfigi o bucățică de ceva gustos în gură, pentru că altceva chiar nu merge.

Oricine a avut un câine alături de el vă va spune că acesta va ști întotdeauna din ce aluat este creată mămica sau tăticul. În consecință, este inutil să pretinzi că ești cu totul altul în fața lui.

Cânii te-au mirosit într-o clipă, iar un zâmbet fals nu are efect asupra lor. Nu vor avea impresia că ești zâna cea bună numai pentru că le spui cuvinte dulci. O încruntare va fi de asemenea ignorată dacă știu deja cine ești cu adevărat.

Oricum, te înșeli dacă nutrești speranța că o conversație cu patrupedul tău ar fi cumva diferită de cea cu unul dintre prietenii tăi sau cu copilul tău.

Ai putea face eroarea de a crede că, într-un fel, o astfel de conversație ar fi plină de satisfacții. Tu prezinți subiectul, tu îl argumentezi, așa că tu câștigi. Simplu, curat și satisfăcător. Eroarea stă în faptul că te gândești că o astfel de discuție, cel puțin, ar trebui să fie unul din lucrurile din viața ta care se dovedesc simple.

Ei bine, dă-mi voie să îți distrug iluziile. Nu este așa. Dar, nu îți pierde speranța prea repede. Aș spune că totul depinde de câinele tău.

Să presupunem că nu vrei să închei totul cu o dezamăgire. Atunci ar fi bine să nu subestimezi încăpățânarea câinelui tău atunci când fixezi țeluri privind rezultatul schimburilor voastre verbale.

Eu, una, am învățat de multă vreme că al meu are un rezervor imens de încăpățânare. Îmi pare rău că nu puteți vedea cum Rex își ridică năsucul mic în aer pentru a mă privi de sus ori de câte ori încerc să îmi impun punctul de vedere. Ochișorii lui rotunzi și ușor bulbucați ascund o scânteie de rebeliune care ar egala cea mai puternică răzvrătire care există.

Cea mai mare parte a discuțiilor noastre se încheie cu ceartă și nemulțumire. Doar un tip de conversație nu se încheie cu dezacord atunci când discut cu Rex. Astfel de conversații încep de obicei cu fraza *Doar o clipă și mami se va ocupa doar de tine, păpușă mică.*

Desigur, păpuşa mică este Rex, iar eu nu am voie să fac greşeala de a vorbi astfel cu altcineva în faţa lui. S-ar declara război pe loc deoarece, a împărţi ceva cu cineva, şi în special pe mine, nu reprezintă unul din punctele lui tari.

În fine, în situaţia menţionată mai sus, Rex nu are nimic de cârtit, pentru că ştie că va avea atenţia mea totală, iar el nu refuză niciodată aşa ceva, ba chiar o cere.

Uneori, a vorbi cu Rex este ca şi cum ai vorbi cu mareea. Cuvintele mele zboară pe lângă el, iar el pare că nu ar fi în stare să le audă. Dacă interesul lui este prins cu altceva sau dacă el consideră că vorbesc doar pentru că nu am altceva mai bun de făcut şi îmi place să aud sunetul propriei voci, atunci nu fac decât să latru la copacul greşit.

Este frustrant, o recunosc, dar asta este viaţa trăită împreună cu un pug încăpăţânat.

Dar nu este nevoie să mă credeţi pe cuvânt. Continuaţi doar să citiţi mai departe. Sunt sigură că veţi vedea că am dreptate.

Rex are talentul de a înnebuni o persoană, chiar şi atunci când nici măcar nu se străduie prea mult să facă aşa ceva. Este suficient să fie el însuşi, iar el, unul, este întotdeauna onest cu propria sa persoană.

Imaginaţi-vă cum ar fi viaţa voastră în locul meu pentru o zi, iar mai apoi, nu am nici o îndoială că îmi veţi îmbrăţişa punctul de vedere.

PROBLEME CU AUZUL SELECTIV

O ricine poate spune diverse lucruri despre Rex, dar nimeni nu poate afirma că acesta nu s-a adaptat lumii aşa cum este ea în prezent.

Urmând exemplul multor politicieni, Rex a dezvoltat o problemă cu auzul selectiv. Poate să audă când cineva vorbeşte cu el, atâta timp cât ceea ce este spus poate să îi aducă lui un oarecare profit într-un fel sau altul. Altfel, micuţul meu pug încrezut ar trece peste cuvintele mele cu indiferenţa unui demnitar căruia i se cere să arunce nişte firmituri bieţilor săi supuşi care au nevoie de ajutor.

Poate că aceştia s-au aliniat pentru a sta martori trecerii sale prin mulţime, dar lui nu îi pasă suficient de mult de gestul lor pentru ca să îşi coboare ochii asupra lor.

Exact la fel, Rex trece prin viaţă fără să dea nici o atenţie la ceva ce nu-l interesează. Cuvintele zboară pe lângă urechile lui mici şi clăpăuge, numai pentru a se pierde în eter.

Nu te aud, pare el să spună. Iar după aceea, o ia la trap spre destinaţia următoare, astfel lăsându-te în urmă, ca şi cum nu prezinţi nici un fel de importanţă pe nici o scară ierarhică semnificativă.

Mă întreb dacă aşa ceva s-ar califica sub denumirea de conversaţie. Mă îndoiesc însă că ar fi aşa ceva atunci când este necesar să te arăţi suficient de valoros pentru a fi auzit.

Atunci s-ar califica aşa ceva sub definiţia de monolog sau poate ca o implorare pentru a câştiga atenţia cuiva? Sau, mult mai important, poate să fie aceasta doar o modalitate de a ascunde starea jalnică a lucrurilor din relaţia pe care o ai cu pugul tău?

Oh, atât de multe întrebări! Dacă aş analiza totul, probabil că aş considera că toate aceste înţelesuri se aplică, dar cred că este o pierdere de timp să fac aşa ceva. Nu m-ar face să mă simt mai bine despre mine însămi, ba chiar opusul.

Ba mai mult, îmi imaginez că orice părinte s-ar simţi la fel dacă ar fi pierdut un argument cu copilul lor.

Oricum, sunt în posesia cuvântului magic şi ştiu că este suficient să îl pronunţ. Atunci, Rex îşi va deschide brusc urechile şi va face ceea ce vreau eu să facă.

Evit acel cuvânt pe cât de mult posibil pentru că lăcomia este încrustată în natura pugilor şi ei exagerează când vine vorba despre ceva ce pot ingera.

Dar, pe de altă parte, este greu să te abţii să nu recurgi la el, în special atunci când îţi dai seama că rezultatul dorit se găseşte foarte aproape de vârful degetelor tale.

Haide, Rexy, păpuşă mică! Mami îţi va da un bobo imediat ce...

Puteţi completa punctele cu ce doriţi, de la a intră în casă şi până la a închide gura pentru ca vecinii să aibă şi ei în sfârşit un moment binecuvântat de linişte.

Atunci, în sfârşit, totul revine la normal. Mami are o creatură mică, bine educată, soarele se ridică din nou pe cer, iar pacea se coboară pe pământ şi viaţa devine demnă de a fi trăită încă o dată.

Din nefericire, liniştea nu ţine prea mult timp. Viaţa este creată din cicluri, iar cele din viaţa lui Rex par să vină la zar destul de frecvent.

CE VREI SĂ SPUI CÂND AFIRMI CĂ AI ALTE LUCRURI DE FĂCUT? EU SUNT CEA MAI IMPORTANTĂ PERSOANĂ DIN ACEASTĂ ÎNCĂPERE, IAR TU EXIȘTI DOAR PENTRU A MĂ SERVI.

Î n ciuda vechii zicale care spune că, de fapt, câinii au fost lăsați pe această planetă pentru a ne servi, aș dori să reiterez ceea am mai spus de vreo câteva ori până acum: depinde de canin și de cât de conștient este acesta de propria sa importanță.

Un câine obișnuit poate crede că stăpânul său este un fel de zeu, dar acest punct de vedere de șerb nu este împărtășit de toți câinii. Unii dintre ei au standarde diferite.

Exact precum o pisică, Rex nu acceptă un astfel de edict. Da, poate să își arate prietenia când și când, dar niciodată nu se arată supus. De fapt, Rex cere ca cineva să se ocupe de fiecare necesitate pe care o poate el avea.

După părerea sa, ori de câte ori îi este foame sau sete, o simplă privire ar trebui să fie suficientă pentru a-l face pe servitor să se miște cu viteza fulgerului și să îi aducă articolul dorit la nas.

Dacă reacția așteptată nu este destul de rapidă, o lăbuță mică va lovi podeaua cu foc pentru a sublinia necesitatea în chestiune.

Ținuta lui va exprima uluire și, curând, exasperare. Rex nu poate niciodată accepta faptul că nu și-a exprimat nevoile și dorințele cu suficientă claritate și, de aceea, nu poate pricepe motivul întârzierii.

Să spunem că am ceva important de făcut sau că vorbesc cu cineva și nu doresc să întrerup discuția imediat.

În consecință, nu mă pot mișca atât de repede pe cât și-ar dori Rex. Argumentele încep, iar așa ceva ar trebui văzut sau auzit pentru a vă da seama de cum stau lucrurile. Oricum, și vizualul merită ceva considerație.

Forța argumentelor acestui pug, însoțite de reproșul ce îi lucește în ochii săi rotunzi, ar putea să desprindă vopseaua de pe pereți. Îți poți da seama că nu suportă insensibilitatea ta la cererea sa și se simte ofensat că îi treci cu vederea nevoile imediate. Uluirea îi emană din toți porii.

Rex crede că este important să îți faci părerile auzite. Creierul său a procesat deja informația că este necesar să fi cât mai vocal posibil dacă dorești ca ceva să se întâmple.

Aceasta este una dintre trăsăturile comune ale oamenilor care sună la un centru de relații cu clienții pentru a cere ceva. Ei știu că nevoile lor sunt recunoscute și întâmpinate cât mai curând posibil atunci când își exprimă punctele de vedere cât mai zgomotos.

Din păcate și Rex a descifrat acest secret, iar urechile mele plătesc prețul acestei învățături de atunci.

Orice argument ce ar veni de la mine cade în urechi surde, ceea ce este de înțeles. Rex face atâta gălăgie încât probabil nu mai poate auzi nimic din ceea ce spun.

Neputința încercată în fața unei astfel de situații mă zgârie pe nervi, mai ales dacă cineva privește acțiunea în desfășurare.

Întotdeauna am senzația că joc în fața unei audiențe care mă judecă, iar sentimentul acela este copleșitor.

Fiind eu adultul însoțind o ființă care strigă și urlă nu se găsește prea sus pe lista cu lucruri care mi-ar surâde să le fac la fiecare două zile.

Nu este nici o îndoială că privirile acuzatoare de la oamenii din jur fac experiența completă și de neuitat. Acele amintiri deseori mi se ițesc în minte când mă aștept mai puțin.

Trebuie să recunosc că mai degrabă aș evita o astfel de conversație cu Rex, din moment ce nu e prea potrivită auzului meu sau, în general, liniștii mele mentale. Pot încerca, dar cuvintele se topesc în cacofonia lătratului și urlatului său.

Și astfel, cedez din nou, deși știu că acel șantaj va începe din nou când Rex se consideră ofensat pentru că nu am dat atenție dorințelor sale suficient de rapid.

Cu toate acestea, uneori trăiesc clipa și există momente când am nevoie de liniște și pace, fără a mă mai gândi deloc la viitor.

Mereu decid să fiu mai severă următoarea dată când pugul meu alege să se dea în spectacol și să îmi asum poziția de alfa în relația noastră. Dar îmi dau seama că de fapt nu fac nimic altceva decât să îmi liniștesc conștiința.

În adâncul sufletului, știu care este adevărul: Rex va câștiga din nou data viitoare. Am pierdut capătul lesei prima dată când nu am găsit tăria să spun nu.

Unele greșeli devin mai mari o dată cu trecerea timpului, iar efectul final este departe de a fi plăcut. Iar uneori, este dificil să te întorci în timp și să le corectezi. Oportunitatea a trecut, așa că trebuie să faci față consecințelor.

COSMOSUL VĂZUT PRIN OCHII UNUI PUG

SUNT DEPARTE DE A FI o persoană romantică, iar cei ce mă cunosc pot să confirme acest lucru. Pragmatismul şi practicitatea mea îmi permit prea puţine fantezii în această direcţie.

Cu toate acestea, am şi eu propriile mele slăbiciuni şi vise. Din păcate, problema este că acestea nu prea rimează cu ceea ce Rex ar considera esenţial. Viaţa lui, precum şi crezurile sale, se cam învârt în alte direcţii. De aici, evident, discuţiile abundă.

Întotdeauna am crezut că puţine lucruri îţi pot lua respiraţia aşa cum poate să o facă cerul văzut de pe vârful unui munte pe o noapte senină. Ciorchinii de stele şi întinderea albastră a spaţiului de dincolo de ele îmi fac mereu sângele să curgă puţin mai repede şi îmi copleşesc mintea.

Multe nopţi la rând, am privit spre cer, reflectând la toate posibilităţile care există acolo sus şi plângându-mă că m-am născut prea curând, astfel risipind multe oportunităţi.

Un secol sau două mai târziu, toate viziunile mele ar fi devenit realitate. Este posibil să îmi împlinesc unele din visele mele în această eră, dar nu toate.

Desigur, lui Rex puţin îi pasă de visuri şi speranţe, aşa că nici măcar nu îndrăznesc să ating acest subiect. Nimic nu este mai biciuitor decât ochii proeminenţi ai unui pug, care te privesc cu dispreţ, de parcă s-ar întreba despre ce naiba vorbeşti.

Știu că este amuzant să îi văd capul aplecându-se spre dreapta în totală confuzie, dar nu știu la ce îmi folosește să îmi irosesc respirația.

În fine, să ne întoarcem la oile noastre. O privire spre cerul nopții aduce cu ea și o oarecare nebunie. Nu este prea ușor să îți controlezi impulsul de a încerca să te întinzi și să aduni praful lucitor în pumn.

Vreme de vreo câțiva ani, am locuit la marginea unei păduri. Acolo, casele sunt destul de rare, iar lumina de la stradă este mai estompată. Nu este ca în centrul unei metropole unde stelele devin invizibile din cauza tuturor luminilor, așa că m-am putut bucura de strălucirea lor.

Mereu m-a încercat senzația că mi s-au redus dimensiunile imediat ce am avut sub ochi vastitatea cerului. Mă transformam într-o ființă mai mică decât o furnică datorită splendorii ce se desfășura fără nici un fel de scuze deasupra capului meu.

Indiferența rece a stelelor față de mine mă trezea cu mai mare eficiență decât un duș scoțian.

Oamenii și-au îndreptat ochii spre ceruri timp de milenii, fie în rugăciune, în disperare sau în furie, blestemând zeii. De multe ori m-am gândit la aceste lucruri.

Evident, Rex nu se obosește cu astfel de idei. Drept rezultat, din ceea ce am putut observa, experiența sa era la polul opus de a mea. Uluitoarea măreție a stelelor îl lăsa pur și simplu rece.

Cu toată încrederea pot spune că nimic nu îl copleșește pe micul spin din coasta mea, așa cum îl simt uneori. Și chiar dacă îl copleșește, Rex face tot ceea ce poate pentru a ascunde acest lucru.

Apariția unui câine mai mare îl tulbură câteodată. Și cu toate acestea, Rex nu se va da nici din fața mamutului.

Acest pug mult prea încrezător are un puternic sentiment de superioritate. În opinia lui Rex, nimic altceva nu poate fi mai mare, mai puternic sau mai inteligent decât el.

Câteodată, mă întreb dacă nu cumva se crede invincibil. Oricum, există prea puțină îndoială dacă are sau nu un sens al mortalității.

S-ar putea ca Rex să își dea seama că nu poate să își învingă oponentul doar prin propria putere. Dar tot crede că o poate face folosindu-și inteligența sau viclenia.

În fine, multe nopți la rând mi-a plăcut să îmi întorc ochii spre spațiul de un albastru închis de deasupra capului meu, bucurându-mă de senzația că făceam parte din ceva mai grandios decât propria mea persoană.

Cu indignarea lui neîncetată și feroce, Rex a pus capăt acestei distracții preferate a mea.

Eu vedeam frumusețe și posibile întrebări ori de câte ori ridicam ochii spre cer. Între timp, Rex vedea o amenințare sau un intrus de care trebuia să se protejeze. Arma pe care a ales-o a constat într-un urlet ce părea a anunța sosirea apocalipsei.

Sunt convinsă că el credea că obiectele furiei sale o vor lua la goană, tremurând de teamă.

Știam că era inutil să îi explic că distanța față de acele obiecte lucitoare de pe cer era mult prea mare pentru ca lătratul lui să aibă vreun efect.

Dar, totuși, am sperat că acel zgomot infernal pe care îl făcea se va diminua cu timpul, așa că am insistat asupra acelei idei, chiar dacă nu aveam nici cea mai mică speranță că Rex va înțelege vreodată conceptul de distanță. Mai mult decât atât, nu mi-am imaginat nici măcar pentru o clipă că mintea lui se va deschide spre cosmologie.

Și totuși, ceva într-un colț al minții mele persista să șoptească despre oamenii din zorii umanității. Și ei probabil că au avut oarecare teamă observând prezența luminilor din marea suprafață albastră de deasupra lor, iar ei au reușit să treacă peste aceasta până la urmă.

Așa că nu ar fi fost prea departe de tărâmul realității că și Rex ar fi putut să priceapă acel concept într-un viitor nu prea îndepărtat.

Știu că mă agățam de un fir de păr, dar ce altă alegere aș fi avut?

Problema este că Rex este primul câine pe care l-am avut care nu răspunde, pur și simplu, la ordine dacă nu primește și explicații suplimentare.

Oprește-te ar fi trebuit să fie suficient. Dar nu cu Rex, pentru că el trebuie să obțină explicația de ce.

După ce o obține, pare să analizeze problema el însuși. Dacă nu consideră că motivul indicat este suficient de puternic, continuă să facă ce făcea și înainte. Mușțe supărătoare, el se mulțumea numai să îmi dea cuvintele la o parte.

I-am spus că stelele la care lătra nu puteau să îl audă, fiind mult prea departe. Nu am uitat să îi spun că nici eu și nici el nu apărem nici măcar cât un grăunte de nisip pe radarul acelor corpuri cerești. Și am repetat această predică de mai multe ori. Pot și eu să fiu la fel de încăpățânată precum el atunci când circumstanțele o cer.

De fiecare dată, Rex se oprea din lătratul lui enervant pentru câteva secunde, cu o oarecare sclipire de dispreț în ochi.

Puteam să zăresc detașarea clinică și rece a raționamentului său. După aceea, el flutura la o parte explicația mea ca fiind superfluă și o completă irosire de timp pentru el.

După fiecare rundă de argumente, mă întrebam dacă Rex nu considera cumva că eu mi-am pierdut ultima brumă de inteligență pe care o dovedisem până în acel moment. Ochii lui cu siguranță sugerau așa ceva.

În cele mai multe din cazuri, mă acopăr cu o armură groasă ori de câte ori trebuie să tratez ceva cu Rex în legătură cu o situație mai complexă. Cu toate acestea, acea privire batjocoritoare ar putea tăia straturile groase ale acelui scut cu ușurința trecerii unui cuțit prin untul ușor topit de pe o farfurie.

Nimic altceva nu te face să te simți atât de mic precum examinarea depreciativă din ochii unui câine sau a unui copil.

A fost necesar să mă opresc din a privi stelele în prezența sa. Era necesar pentru liniștea mea mentală. După aceea, am reușit să nu mai fiu dependentă de acea acțiune și să o pun deoparte, pentru a o încerca din nou mai târziu în viață.

Stelele vor fi mereu acolo şi va veni un timp când voi putea să le privesc în linişte, aşa cum se cuvine să fie ele privite. Dar, acum e vremea lui Rex, iar el este îndreptăţit să o aibă.

Şi, totuşi, mă întreb dacă o astfel de interacţiune ar putea fi considerată o conversaţie. Considerând că eu eram singura care vorbea, mă tem că ar intra în categoria monologului. Dar, privirea aceea plină de dispreţ chiar a contat şi chiar a avut impactul unui răspuns, mai eficient decât dacă Rex ar fi folosit cuvinte.

Aşa că da, după o oarecare reflectare, cred că s-ar putea clasifica drept dialog cu uşurinţă.

Spuneţi-mi dacă aveţi o altă părere. Nu sunt genul de om care se pune pe ceartă din cauza unui rezultat, ba chiar s-ar putea să vă ascult părerea şi să mi-o schimb pe a mea.

TULBURARE OBSESIV COMPULSIVĂ LA UN CÂINE

U ltimii câțiva ani m-au învățat că se poate întâmpla absolut orice și că nimic nu este imposibil. Cu toate acestea, nu pot înțelege cum de marea parte a oamenilor pot să creadă că afecțiunile mentale se limitează doar la oameni, mai ales că dovezile se găsesc chiar în fața ochilor noștri.

Rex nu este singurul care demonstrează semne de boală mentală. Am văzut animale care prezentau un comportament care, în mod obișnuit, este asociat autismului. Dar am văzut și animale copleșite de depresie sau care suferă de manie.

Și cu toate acestea, unii oameni, pur și simplu, nici nu acceptă o astfel de posibilitate. Ideea că o boală mentală poate să apară doar într-o ființă superioară pare să fie cauza unei astfel de atitudini.

Întotdeauna am crezut că rasa umană deseori se arată a avea un ego mult prea umflat. Oamenii uită că, în esență, toți suntem făcuți din carne și sânge, tulburați de gânduri și sentimente.

Nu deținem monopolul anumitor lucruri, indiferent cât de mult ne-ar place să credem acest lucru. Un sticlete ale cărui aripi au fost tăiate înainte de a fi băgat în colivie poate să sufere de depresie tot la fel de bine ca un bărbat sau o femeie care se simt prizonieri ai unei vieți pe care nu au ales-o ei înșiși.

Sunt aproape sigură că Rex nu este depresiv clinic, chiar dacă uneori pare cuprins de valuri de melancolie. Dar arată unele semne de autism, care, inițial, nu erau prezente, așa că nu pot spune cu siguranță că suferă de așa ceva.

Cu toate acestea, din moment ce a trebuit să trăiesc cu această afecțiune a lui de ceva timp deja, pot afirma că, într-adevăr, a suferit de TOC chiar de la naștere.

Mare parte dintre noi suferă oarecum de TOC într-un fel sau altul. Dar, această afecțiune este greu de observat în comportamentul unora, așa cum este și în cazul meu.

Și, totuși, chiar dacă nu sunt extrem de vocală în legătură cu acest lucru, tot simt nevoia să am totul aranjat într-o anumită ordine. Dacă ceva nu este așezat drept, mă înnebunește pur și simplu și nu îmi iese din minte până ce nu aliniez totul într-un anumit fel.

Dar, aceasta nu înseamnă că trebuie să văd toate lucrurile aranjate în același loc tot timpul. Îmi place să le schimb locul, cum ar fi cu volumele din bibliotecă, pentru că este plictisitor să vezi mereu un lucru în același loc atunci când îți îndrepți privirea în acea direcție.

Rex este diferit, însă, ceea ce a dus la nenumărate discuții, mereu vocale, care îți macină nervii. El nu poate suporta să vadă un lucru așezat într-un anume loc dacă acesta nu s-a găsit acolo mai înainte.

Așa ceva chiar distruge orice plăcere de a cumpăra ceva nou. Disputăm așezarea obiectului în casă cu țipete și lăbuțe bătând cu râvnă în podea, iar aici vorbesc despre strigătele lui Rex și datul lui din picioare. Rex nu este o creatură timidă și îi place să își exprime perspectiva cu putere.

Într-un fel, este amuzat să-l vezi lovind podeaua cu laba, dar nu este tot la fel de plăcut să-i auzi comentariile asupra problemei în discuție, așa că fac tot ce pot ca să nu râd.

Nu e o idee prea bună să îl încurajezi. Deja are o părere extrem de bună despre sine însuși și nu are nevoie de și mai multă încurajare pentru a pune paie pe foc.

Încăpățânarea lui este deja legendară, iar cei câțiva vecini pe care i-am avut de-a lungul timpului pot să depună mărturie în privința aceasta. Nu am nici un fel de dovadă, dar am o bănuială că aceștia au dat o petrecere zdravănă după ce ne-am mutat din vecinătate. Nu aș putea să îi condamn, chiar dacă unii dintre ei erau la fel de enervanți ca și Rex.

Oricum, atunci când vine vorba despre o bătălie de voințe între mine și Rex, încerc să nu cedez. Aceasta nu din cauză că sunt si eu catâr precum este el, dar din cauză că nu mă regăsesc într-o lumină prea bună dacă mă închin în fața dorințelor lui tot timpul.

Cel puțin din când în când tot trebuie să mai am și eu ultimul cuvânt în conversație. Altfel, Rex s-ar putea să uite complet cine e stăpânul, iar nasul lui s-ar putea să atingă linia orizontului.

Ha! Pe cine încerc să păcălesc? Oi fi eu mama aici, dar nu există nici o îndoială cine este stăpânul. Universul se învârte în jurul lui Rex, iar el ar fi primul care l-ar învăța acest concept pe Galileo.

Într-un fel, reacția lui provine din convingerea sa că totul ar trebui să se desfășoare conform dorințelor sale. El se comportă în același fel ca un copil de doi ani într-un supermarket, care face o criză de furie până ce mama sa cedează și îi cumpără ciocolata interzisă. Rex își umple urechile cu vată și nu reacționează până ce nu vede obiectul mutat din locul unde nu îl vrea.

Dar așa ceva nu poate merge tot timpul. Casa mea ar semăna cu grota unui sihastru dacă aș ceda tot timpul. De aceea, trebuie să îmi adun toată voința de care dispun și să pun piciorul în prag atunci când este vorba de ceva crucial.

Rex este din rasa pug, așa că uneori o mită gustoasă face minuni. Nu mă dau în lături de la a-i da o recompensă pentru ca să-l opresc să latre la tot ceea ce spun. Creierul meu poate suporta doar un anumit nivel de zgomot și doar pentru o vreme.

După ce înfulecă mita, s-ar putea să mai urle din când în când, aruncându-și ochii spre obiectul care îl ofensează, dar după o vreme, începe să se obișnuiască să-l vadă și nu îi mai dă atenție.

Asta, însă, nu funcționează cu lucruri care sunt mutate accidental.

Dacă ceva este mutat cu un centimetru mai la dreapta sau la stânga în timpul ștersului prafului, nimic în lume nu îl va face pe Rex să se oprească din argumentare. Se va opri doar atunci când obiectul este aşezat exact în locul unde a fost înainte.

Am încercat să îl mituiesc, dar Rex s-a mulţumit să înghită trataţia şi, după aceea, a continuat să urle. După câteva exerciţii inutile de acest gen, am cedat în faţa necesităţii de a îmi recâştiga pacea.

Nu se merită să mut un obiect doar pentru a avea nervii tociţi de lătratul lui infernal.

Eh, uneori mai câştigi, alteori pierzi... Nu îmi aduc aminte zicala corectă, dar sper că merge şi aşa.

Poate că, dacă aş fi avut mai multă putere decât am, aş fi putut să îmi impun voinţa. Dar, după cum stau lucrurile, trebuie să cuceresc fiecare palmă de pământ încet dar sigur.

BIOGRAFIA AUTOAREI

ROXANEI NĂSTASE ÎI place să scrie și să facă prăjituri – aceste două pasiuni ale sale se potrivesc foarte bine. De asemenea, îi place să petreacă timp cu câinele ei – sau cel puțin marea parte a timpului, pentru că, de fapt, acesta este un drăcușor.

O călătorie în Scoția a făcut-o să-și dăruiască inima unei țări minunate și unor oameni extraordinari. De aceea a ales un detectiv scoțian pentru marea parte a romanelor sale polițiste.

EXCERPT
"SCHIMBAREA"

P ROLOG

DIN CÂND ÎN CÂND, CÂTEVA raze de soare răzlețe reușeau să străpungă cerul cenușiu preț de câteva clipe, pentru a se reflecta mai apoi în sticla ferestrei largi, orbindu-l astfel pe Jose. Vântul nu părea să fie la fel de puternic precum fusese cu o zi înainte, așa că, spre deosebire de altă dată, tânărul bărbat de douăzeci și patru de ani găsea o oarecare plăcere în munca sa.

În dimineața aceea, plutind în briza ușoară deasupra orașului, pe platforma pe care o folosea pentru spălatul ferestrelor, bărbatul se putea crede regele lumii. Ori de câte ori Jose își arunca privirile în jos, la nivelul străzii, avea impresia că ceilalți muritori se asemănau unor furnici ce alergau de colo colo.

Cu o zi în urmă, omul avusese senzația că nu era decât o frunză prinsă în vârtejul vântului și își blestemase atât slujba, cât și dorința lui de a face așa ceva. Acum, totul părea destul de diferit.

Mulțumit de sine însuși și de munca sa, Jose începu să fluiere în ritmul cântecului ce susura prin căștile pe care le avea la urechi.

Tânărul bărbat câștiga suma fantastică de douăzeci și doi de dolari pe oră, în fond. El însuși era primul care să recunoască faptul că, de fapt, câștiga mult mai mult decât unii dintre prietenii săi. Aceștia asudau într-o fabrică neaerisită aproape zece ore pe zi pentru doar puțin mai mult decât jumătate din ceea ce câștiga el.

Jose știa că avea noroc în slujba aleasă, chiar dacă mai bodogănea el din când în când. Dar, în fond, cine nu se plângea de munca sa? Doar era în natura omului să găsească ceva de care să se plângă în orice. Cu cât oamenii aveau mai mult, cu atât se lamentau mai tare.

Pritocindu-și norocul îl motivă pe Jose să depună și mai mult efort în munca pe care o făcea, bărbatul ridicându-se pe vârfuri pentru a ajunge și mai sus, pentru ca mai apoi să își flexeze genunchii pentru a acoperi cât mai mult din panoul de sticlă. Dacă l-ar fi privit cineva de la depărtare, ar fi crezut că omul își pierduse mințile. Mișcările sale haotice aduceau cu un balet dubios.

Cu toate acestea, în afara unui pescăruș, nimeni nu era martor la munca sa plină de zel. Pasărea cloncăni și apoi strigă din cauza confuziei ocazionate de spectacolul ciudat, dar bărbatul nu o auzi peste explozia rapului care îi urla în urechi. Cu un ultim strigăt dezgustat, pescărușul trase concluzia că ar fi fost mult mai bine să caute ceva de mâncare, așa că părăsi scena.

Gândul la cei douăzeci și doi de dolari pe oră îi dădu lui Jose puterea să termine și fereastra aceea. După aceea, bărbatul își puse mâinile pe șolduri mai întâi, iar mai apoi răsuflă adânc.

La naiba dacă nu merita el banii aceia. Suprafața acelor panouri de sticlă puteau să hăituiască sufletul omului, iar el era cel ce trebuia să le facă să strălucească. De fapt, bărbatul nu își mai putea permite să primească o altă plângere. Resursele umane îi dăduseră deja o notificare scrisă după dezastrul pe care îl avusese cu unul dintre clienți luna trecută.

Omul inspiră și expiră de câteva ori, ia mai apoi își aruncă ochii spre cadranul ceasului. Ecranul acestuia îl anunță că era timpul pentru a lua prânzul, așa că Jose se așeză pe platformă, încrucișându-și picioarele sub el, iar mai apoi scoase un sandviș mare din rucsacul său.

Tânărul bărbat își despachetă sandvișul și îl mirosi. Da, chiar că reușise să obțină combinația perfectă atunci când îl crease în dimineața aceea, iar acel lucru nu era chiar așa de rău pentru băiatul mamei, după cum îl numise mironosița aceea de Isabel.

Jose se despărțise de Isabel de mai bine de un an, dar aceasta nu însemna că bărbatul uitase toate lucrurile dureroase pe care femeia i le aruncase în față. Unele chestii rămân întipărite în mintea unui om mult timp după data lor de expirare. Ori de câte ori se întâmpla ceva neplăcut, cuvintele lui Isabel îi apăreau imediat în minte.

Și totuși, tânărul bărbat deja dăduse peste femeia visurilor sale, așa că Isabel aparținea trecutului. El chiar se hotărâse să o ceară pe acea femeie în căsătorie.

Alicia nu își bătea joc de el și nu încerca să-l facă de râsul curcilor. Jose nu așteptase altceva decât să primească salariul pentru a o invita într-un loc mai deosebit pentru a o cere de soție. Iar ziua aceea tocmai venise. Era ziua de plată.

Jose își șterse degetele de pantalonii de traning și își scoase telefonul. Bărbatul își verifică contul bancar, iar când ochii îi căzură peste depozitul făcut în acea dimineață, zâmbi. Oh, da, venise și ziua aceea.

Abia aștepta să vadă surpriza Aliciei când aceasta va da cu ochii de localul pe care el îl alesese. Jose deja făcuse rezervări la unul dintre cele mai selecte restaurante din Toronto, iar un inel bine gândit îl aștepta acasă. Mai trebuia doar să cumpere niște flori, iar seara aceea urma să dea tonul restului vieții sale.

Pentru a se asigura că absolut nimic nu îi va împiedica planurile, bărbatul îi trimise prietenei sale un mesaj: *Nu uita, la ora șase la punctul nostru de întâlnire.*

Jose nu trebui să aștepte prea mult pentru a primi răspunsul ei. Când ochii lui dădură de șirul de *oxoxoxox* afișat pe ecran, bărbatul izbucni în râs. Fetele se dovedeau așa de prostuțe uneori.

Jose înghiți niște apă și puse pachetul de la sandviș înapoi în rucsac. Cu un oftat de satisfacție, bărbatul manevră platforma spre următorul set de ferestre și începu să le șteargă.

Ar fi fost amuzant dacă, măcar, ar fi putut vedea ce se petrecea dincolo de geam. Cu toate acestea, sticla întunecată nu îi permitea să zărească absolut nimic din ceea ce se petrecea la acele etaje. Bărbatul ridică din umeri cu indiferență.

Cel puțin putea să-și imagineze ce urma să se întâmple în seara aceea când îi va pune iubitei sale întrebarea. Jose avea o imaginație bună și știa el că Alicia va fi atât de fericită că va plânge și îl va săruta. La acel gând, un surâs larg îi răsări pe buze.

Când durerea ascuțită îi străpunse inima, Jose strigă, dar nimeni nu îi putu auzi strigătul peste zgomotul traficului de mai jos din stradă. Preț de o clipă, nevenindu-i să creadă ce i se întâmpla, tânărul bărbat se întrebă cu uimire dacă nu cumva suferea de un atac de cord, chiar dacă acel gând părea prea ieşit din comun.

Mai apoi, omul se prăbuşi în spate şi, cu un ultim gând conştient, încercă să se agaţe de bara de siguranţă pentru a se menţine pe platformă, dar nu reuşi să o prindă. Senzaţia zborului peste bara platformei îi copleşi tânărului creierul, care încă mai trimitea mesaje de-a lungul sinapselor, chiar dacă un glonte bine bătuşit deja îi oprise inima.

Fără viaţă, bărbatul atârna în harnaşamentul de siguranţă, la mila vântului blând. Cerul devenise şi mai cenuşiu, iar vântul începu să se înteţească uşor, dar Jose era deja prea departe de planul material pentru a mai simţi ceva.

CAPITOLUL UNU

MIROSUL DE CAFEA STĂTUTĂ atârna în aer, gâdilându-i nările, iar Mark își încreți nasul cu dezgust. Cineva ar fi trebuit să golească cafetiera și să pregătească niște cafea proaspătă.

Mark își aruncă ochii în jur prin birou cu o privire critică, iar inima i se chirci la priveliștea care îl întâmpină. Mda, trebuia să facă ceva în legătură cu acea încăpere și cât mai curând. Leah MacKay, locotenentul, urma să revină înapoi la muncă în aproximativ o săptămână și îi va lua pielea de pe el pentru că lăsase biroul ei să ajungă în acea stare jalnică.

Adevărul era că abilitățile lui Mark de a face curat erau vai și amar. Niciodată nu vedea nimic în jur dacă altcineva nu îi răsufla în ceafă. Doar atunci, ochii bărbatului începeau să zărească ceea ce nu era la locul lui.

Leah își lăsase biroul și echipa de detectivi în grija lui Mark pentru perioada de două săptămâni în care ea își petrecea luna de miere în afara orașului Toronto. Femeia nu îi dăduse prea multe instrucțiuni, dar, cu toate acestea, era clar subînțeles că nici nu se punea problema ca Mark să îi distrugă biroul cât era ea plecată.

Oricum, mai am câteva zile până ce va trebui să îmi fac griji, își strânse Mark buzele pentru câteva clipe. După aceea, nemulțumit de prospectul de a pune biroul la punct, bărbatul își aruncă pixul pe masă și își întoarse ochii către fereastră.

Cu chipul încruntat, detectivul privi bucata de orizont vizibilă prin sticla ferestrei, iar colțurile gurii i se curbară în jos. Cenușiul cerului îi înrăutățea starea de spirit și mai mult, chiar dacă nu crezuse că așa ceva ar fi fost posibil.

Mark contemplă pata de cenușiu preț de câteva minute, iar mai apoi ridică din umeri. Albastru sau gri, era același lucru pentru el. Cel puțin, nu ningea și nu ploua.

Bărbatul se săturase de-a binelea să facă față elementelor vremii în fiecare zi. Iarna aceea păruse mult mai lungă în acel an. În consecință,

Mark deja ajunsese la capătul răbdării, ceea ce era cu adevărat interesant. Bărbatul își petrecuse cea mai mare parte a vieții în provincia Quebec, în fond.

Să-și deszăpezească mașina în fiecare dimineață timp de o săptămână îl lăsase complet descurajat. Chiar și în timpul nopții Mark visa nenorocita aceea de lopată, astfel neavând parte de o noapte bună de somn.

Umbrele de sub ochii lui deveniseră din ce în ce mai întunecate în ultima vreme, iar detectivul, ori de câte ori dădea cu ochii de reflecția sa în oglindă, avea senzația că se transformase într-un raton.

Dar în ciuda a toate acestea, mai exista speranță. O speranță îndepărtată, dar primăvara se simțea în aer. Sau, cel puțin, asta simțise el pe drumul său spre secție în dimineața aceea.

Cu câteva luni în urmă, inima i-ar fi cântat de bucurie la cea mai mică rază de soare. Mark s-ar fi gândit să iasă în sfârșit undeva, într-un parc sau o tavernă, pentru a bea o bere pe o terasă, umplându-și plămânii cu aerul rece al anotimpului. Acum, berea suna destul de bine, dar omul nu reușea să se entuziasmeze suficient pentru a merge undeva.

De când îl părăsise Jen, Mark se se scufundase într-o depresie întunecată. Bărbatul crezuse că relația lor de aproape trei ani însemnase ceva și pentru femeie, numai pentru a descoperi că se mințise singur, probabil datorită unei imaginații prea bogate.

Femeia l-a ținut pe Mark agățat suficient de mult până ce a dat de ceva mai bun. Mark nu avea nici cea mai mică șansă să intre în competiție cu un portofoliu de șapte cifre. Cecul lui de salariu abia dacă se târa undeva departe în urmă.

Sătul de introspecții, Mark își aruncă ochii la ceas și se strâmbă. Era abia ora unsprezece. Prânzul nu ar fi reprezentat o scuză legitimă pentru a părăsi biroul, mai ales că deja își luase o pauză de cafea cu numai treizeci de minute în urmă. Cu toate acestea, avea senzația că nu avea suficient aer să respire, simțindu-se prizonier în acea încăpere. Trebuia neapărat să iasă de acolo.

Mark știa că ar fi trebuit să citească măcar câteva rapoarte, dar nu avea deloc chef să deschidă acele dosare. De altfel, Anna și Josh își dovediseră eficiența în trecut cu vârf și îndesat, așa că Mark se îndoia că ar fi fost necesar să-i supervizeze pe cei doi detectivi în acel moment. Oricum, nimic nu i se părea suficient de urgent pentru ca să se scuture de pasivitatea sa, așa că bărbatul continuă să se bălăcească în propria sa melancolie.

Detectivul se lăsă mai pe spate în scaun, iar apoi își propti picioarele pe marginea biroului, fericit că Leah nu era prezentă acolo pentru a-l face fărâmițe cu limba ei ascuțită. Bărbatul închise ochii, gândindu-se că, cel puțin, și-ar fi putut permite să moțăie vreo ora sau un pic mai mult. Oricum, nimeni nu ar fi intrat în birou fără a bate la ușă mai întâi, așa că, dacă ar fi venit cineva, ar fi avut timpul să își coboare picioarele la podea.

Mark adormi cu mâinile împreunate peste stomac, mulțumit că zgomotul din sala detectivilor nu trecea prin pereți pentru a-l deranja. Fără să își dea seama, bărbatul fluiera printr-una din nări de fiecare dată când expira, sunetul ținându-i companie bâzâitului din surdină ce venea de la computer.

Visele agitate îi aduseră o încruntare pe chip. Din când în când, o grimasă îi trăgea în jos de colțurile gurii și degetele îi zvâcneau. Colțurile ochilor i se încrețiră, iar liniile de pe frunte i se adânciră, în timp ce sprâncenele i se adunară deasupra nasului.

Cineva ciocăni la ușă cu entuziasm, iar telefonul său mobil sună în același timp, făcându-l să tresară. Mark se trezi sărind în sus, lovindu-și cotul de muchia mesei din cauza aceasta. O secundă după aceea, piciorul său drept se prinse de colțul de sus de sub masă pentru câteva clipe.

Mark trase tare de picior și își suci glezna. Omul icni, iar picioarele îi aterizară cu zgomot pe podea. Corpul i se aplecă în față și abia reuși să evite marginea mesei cu fruntea. Bărbatul se chinui să își păstreze echilibrul, strivind sub limbă câteva cuvinte bine alese.

Atât ciocănitul, cât și soneria telefonului, continuară să se facă auzite și Mark se strâmbă. Își trecu la repezeală degetele prin păr pentru a-și pune părul ciufulit în oarecare ordine, iar mai apoi își netezi hainele cu gesturi grăbite.

— Intră, strigă el pentru a se face auzit peste zgomotul făcut de soneria telefonului, iar apoi înșfăcă aparatul de pe birou să vadă cine îl căuta.

Ușa se deschise doar pe jumătate, iar Anna, cu ochii mari, își introduse capul prin deschizătură, semn că nu știa la ce se putea aștepta din partea lui.

Lui Mark îi trebuise destul de mult timp ca să răspundă. Mai mult decât atât, zgomotele înăbușite ce veneau din încăpere nu se dovediseră prea încurajatoare pentru tânăra polițistă.

Mark îi făcu semn să intre în birou cu un gest neglijent, în același timp verificând ecranul telefonului său pentru a vedea identitatea persoanei care suna. Pe muțește, detectivul o invită pe Anna să ia loc pe scaunul de vizavi de el, iar apoi răspunse la telefon.

— Care e treaba, Victor? lătră detectivul cu supărare, numai pentru a se încrunta o clipă după aceea.

Omul sperase să nu se dea de gol că toată tărășenia aceea îl scosese din sărite.

Pentru a nu-l deranja pe Mark, Anna închise ușa încetișor, iar mai apoi se așeză într-unul din scaunele de vizavi de el. Femeia își împreună mâinile în poală, așteptând cu răbdare ca detectivul să își încheie discuția sa telefonică.

Toată lumea din secția de poliție îl cunoștea pe Victor sau știa despre el. Omul ajunsese sursa unor știri fierbinți după ce reușise să supraviețuiască în urma a trei atentate sălbatice la viața sa, iar mulți dintre ofițerii de poliție îl declaraseră erou.

Anna avusese șansa de a petrece timp în compania bărbatului în trecut, iar Victor o impresionase cu atitudinea sa indiferentă față de ceea ce gândeau ceilalți oameni despre el. Acesta se vădise a fi un nonconformist, cu o inteligență peste medie. Codul lui moral o atrăsese pe femeie și mai mult. Bărbatul trăia după un set de reguli proprii, extrem de stricte.

— Da, Leah se va întoarce săptămâna viitoare, dădu Mark din cap, răspunzându-i lui Victor la o întrebare, pentru ca mai apoi să continue să îl asculte cu atenție.

Când ochii detectivului se rotunjiră, iar buzele i se desfăcură din cauza surprizei, Anna înșelese că subiectul de discuție era ceva serios.

— Da, desigur, voi face investigații. Nu, nu putem aștepta până se întoarce Leah, își scutură Mark capul, strângându-și buzele cu hotărâre.

O cută adâncă se formă între sprâncenele omului, iar acesta își aplecă capul spre dreapta, ascultând în continuare cu atenție la ceea ce i se spunea.

— Bine, atunci, spuse Mark, aruncându-și privirea spre ceasul de la mână. Presupun că pot ajunge acolo în jumătate de oră, dacă vrei, continuă el după aceea.

Mark mai ascultă câteva momente, iar apoi aprobă dând din cap.

— Bun, atunci ne vedem la tine acasă. Da, vin și cu Anna și Josh, își asigură el prietenul. Ne vedem curând, amice, spuse Mark, terminându-și conversația telefonică.

— Mergem undeva? îl întrebă Anna, iar sprâncenele i se ridicară sus pe frunte.

Sângele îi alerga prin vene rapid din cauza excitării. Știa ea că un caz alături de Victor ar fi putut fi descris oricum, dar în nici un caz plictisitor.

— Da, cred că tocmai am făcut rost de un caz, îi explică Mark gânditor. Spune-i lui Josh că trebuie și el să vină. Oricum, Victor a făcut unele aluzii cum că ne-ar aștepta cu prânzul și doar știi că Liliana chiar știe să gătească bine, îi făcu detectivul cu ochiul colegei sale.

Femeia izbucni în râs și își scutură capul.

— Asta, știu într-adevăr, se arată ea de acord cu cuvintele lui, iar mai apoi se ridică de pe scaun și se îndreptă spre ușă.

— Ah, ce doreai? o opri Mark, amintindu-și că femeia venise să îi vorbească.

— Oh, nimic deosebit, îşi flutură Anna degetele cu nonşalanţă. Josh şi eu ne gândeam să mergem să luăm prânzul şi voiam să te invităm şi pe tine, ridică ea din umeri.

— Aha, bine atunci, aprobă Mark cu o mişcare a capului, privind-o mai apoi pe femeie părăsind încăperea.

Şi pentru asta, aproape că m-am mutilat, mârâi el după ce Anna dispăru pe uşă, iar mai apoi lovi masa cu pumnul.

Cu toate acestea, gândul unui prânz zdravăn îl făcu pe Mark să uite de incidentul respectiv şi de faptul că aproape se rănise.

CĂRȚI SCRISE DE ROXANA NĂSTASE

N*ebunie pe Strada Privighetorii – Seria McNamara – Cartea Întâi*
 Mirosuri și Umbre – Seria McNamara – Cartea A Doua
 Legături Relative – Seria McNamara – Cartea A Treia
 Seria McNamara – Box set (Carteal I și II)
 Un Epitaf Potrivit – Seria MacKay – Detectiv Canadian (Cartea În-
tâi)
 O Femeie Bisericoasă
 Un Imigrant – Seria MacKay – Detectiv Canadian (Cartea A Doua)
 Bărbatul din lift
 Team-building cu ponoase
 Schimbarea – Seria MacKay – Detectiv Canadian - Cartea A Treia
 Răzbunarea nu e întotdeauna dulce – Seria Josh Aldridge detectiv par-
ticular – Cartea 0

CONVERSAȚII CU CÂINELE meu – Pseudoeseuri

ÎN CURÂND VA APĂREA:

SURPRIZĂ PE TERENUL de golf

Pentru a afla de noi lansări de carte, abonați-vă la buletinul informativ de pe site-ul:

www.roxananastase.com.